DESPOTISME

OU

SOCIALISME

PAR

E. POMPERY.

> Notre Père, qui êtes aux cieux,
> que votre règne arrive, que vo-
> tre volonté soit faite sur la terre
> comme au Ciel.
> Cherchez d'abord le royaûme
> de Dieu et sa justice, et tout le
> reste vous sera donné par sur-
> croit.
>
> ÉVANGILE.

PRIX: **10** CENTIMES.

PARIS

A LA LIBRAIRIE PHALANSTÉRIENNE,

2, RUE DE BAUNE

ET CHEZ TOUS LES LIBRAIRES.

1849

DESPOTISME OU SOCIALISME.

I

Toutes les dogmes religieux, tous les systèmes philosophiques se réduisent à deux. Chacun aboutit naturellement à un système social.

Depuis que le monde tourne, depuis que l'homme raisonne et cherche à se rendre compte des choses, tous les dogmes religieux, tous les systèmes philosophiques peuvent se réduire à deux.

Le principe de la vie est bon et mauvais à la fois. Le mal est éternel.—Le principe de la vie est bon, le mal n'a pas d'existence absolue.

Il n'y a pas moyen de sortir de ces deux hypothèses ou affirmations fondamentales. Que l'on fouille toutes les philosophies, que l'on évoque tous les philosophes, que l'on passe en revue toutes les religions, finalement, il faut choisir entre elles, il faut nier l'une et accepter l'autre.

De plus, aujourd'hui chacun de ces systèmes peut être jugé en connaissance de cause. Chacun d'eux est caractérisé par des hommes considérables, sorte de drapeaux acceptés par la foule.

Il n'est plus possible de s'abuser sur les mots et les choses, ni de se tromper sur les hommes.

Et, puisque toute idée religieuse ou philosophique suppose nécessairement une conclusion sociale, une manière de concevoir le but de la société humaine et les moyens d'en entretenir la vie, il en résulte naturellement que chacun de ces deux systèmes religieux a produit des législateurs, des économistes, en rapport complet avec leurs principes générateurs. Ici, encore, nous avons cette fortune que chacun des systèmes économiques issus des religions ou philosophies a produit des hommes considérables, qui ont également fait école et rangé la foule sous leur bannière.

Développons parallèlement les deux idées philosophiques avec leurs conséquences sociales.

II

Le premier dogme incarné dans le catholicisme. M. de Maistre.

Le premier de ces systèmes, par ordre de date et d'origine, est celui qui admet l'existence du mal et lui donne un caractère absolu d'éternité, d'immortalité. La plus haute et la plus importante manifestation de cette doctrine s'est incarnée dans le dogme catholique.

Voici le résumé de cette conception. Le bien et le mal sont éternels. Devant la face rayonnante et immortelle de Dieu se pose le visage grimaçant du diable.

La mort s'oppose à la vie, le malheur au bonheur, la matière à l'esprit, le corps à l'âme. L'existence n'est qu'un combat perpétuel. La scène du monde est un sombre drame semé de péripéties douloureuses, à peine supportables par quelques fugitifs éclairs de joie.

L'homme individu est libre de faire le bien et le mal. De là pour lui mérite et démérite, bonheur ou malheur éternels.

La terre est une vallée de larmes, un séjour d'expiation. Il ne faut s'occuper que de son salut. La résignation, l'abnégation, la mortification, le renoncement au monde et à la vie, telle est la loi.

Puisque l'individu est libre, il est criminel s'il fait le mal. De là ressort la nécessité des prisons, du bagne, de l'échafaud ici bas, de l'enfer après.

Voilà pour le système religieux et philosophique. Cette doctrine a été nettement mise en lumière par l'auteur du livre du *Pape* et des *Soirées de St-Pétersbourg*, le grand théosophe moderne, une sorte de dernier père de l'Eglise catholique, le comte Joseph de Maistre. Il importe de transcrire ici ses paroles:

« Tout supplice supplie. Malheur donc à la nation qui abo-
« lirait les supplices ! Car la dette de chaque coupable ne ces-
« sant de retomber sur la nation, celle-ci serait forcée de payer
« sans miséricorde, et pourrait même se voir traitée comme
« insolvable selon toute la rigueur des lois.

« Le ciel ne peut être apaisé que par le sang. L'innocent peut
« payer pour le coupable. Les anciens croyaient que les dieux
« accouraient partout où le sang coulait sur les autels; les pre-
« miers docteurs chrétiens crurent que les anges accouraient
« partout où coulait le sang de la véritable victime. L'effusion
« du sang est expiatoire. Ces vérités sont innées. La croix at-
« teste le salut par le sang.

« La guerre est divine; elle doit régner éternellement pour
« purger le monde. La terre, continuellement imbibée de sang,
« n'est qu'un autel immense, où tout ce qui vit doit être im-
« molé sans fin jusqu'à l'extinction du mal. Le bourreau est
« la pierre angulaire de la société, l'exécuteur de l'expiation
« divine, celui qui nous renvoie à notre juge naturel: sa mis-
« sion est sacrée. »

III

Le système social découlant de ce dogme. Il est caractérisé par l'économiste Malthus. Le travail est un frein et une peine.

Examinons le système social dérivé de cette doctrine religieuse.

Puisque l'homme est libre, puisqu'il est par nature enclin au mal, puisque le monde est un lieu d'expiation, puisque le

6

sang humain doit abreuver la terre, il n'y a pas lieu de penser à pouvoir jamais établir ici-bas une société de paix, de bonheur et de fraternité. On ne peut y faire régner un certain ordre que par la force. Il faut donc que le travail soit un frein, en même temps qu'il est un châtiment, une peine. Il est nécessaire que le pouvoir soit fort, le plus fort possible. Un despote réunit les conditions les plus favorables. C'est pourquoi les sociétés antiques, avec leurs castes immuables et leurs tyrans infaillibles, avec leurs esclaves, plus tard leurs serfs, sont, dans cet ordre d'idées, les sociétés les moins imparfaites. Depuis, le monde n'a fait que se désorganiser, grâce aux révolutions et aux prétendus progrès.

D'ailleurs, chacun chez soi et chacun pour soi. Songer à son salut, c'est la règle. Laissez faire et laissez passer, les petits et les grands, les forts et les faibles. Peut-on, doit-on empêcher les gros poissons de manger les petits ? Cela s'est toujours vu; cette loi est la loi naturelle. La scène du monde (M. Thiers) est un immense drame où luttent tous les éléments de la vie, comme les gladiateurs dans le cirque romain. Il n'y a rien à faire, si ce n'est de prier, se résigner, acheter des indulgences, faire l'aumône, accepter les arrêts de la Providence.

Mais il faut un pouvoir fort pour contenir, réprimer, limiter, enchaîner toutes ces causes de désordre.

Comme M. de Maistre est le plus hardi logicien de la conception philosophique, acceptant la pérennité du mal, la plus haute personnification du dogme catholique, de même le docteur Malthus est l'économiste le plus courageux, le plus remarquable du système social qui en est la conséquence.

Voici le résumé de ses idées :

« Un homme qui naît dans un monde déjà occupé, si sa famille n'a pas les moyens de le nourrir, ou si la société n'a pas besoin de son travail, cet homme n'a pas le moindre droit à réclamer une portion quelconque de nourriture, et il est réellement de trop sur la terre. Au grand banquet de la nature il n'y a point de couvert mis pour lui. La nature lui commande de s'en aller, et elle ne tarde pas à mettre cet ordre à exécution. »

La raison, après tout, est la reine du monde, et la logique conduit nécessairement l'humanité à conclure jusqu'au bout, à tirer les conséquences des principes. Ainsi s'est produite la théorie monstrueuse de l'économiste Anglais.

D'après ces principes, Malthus substitue à la parole divine : *croissez et multipliez, remplissez la terre*, le précepte de la contrainte morale. Il prêche à l'humanité la crainte salutaire de la procréation. Un de ses disciples est allé plus loin, car, comme je le disais, la logique est impitoyable. Ce malthusien a enseigné les moyens de détruire doucement les petits enfants, de manière à leur éviter toute souffrance. Conformément à ces idées, il se vend dans les pharmacies de Londres et des autres villes industrielles de l'Angleterre des potions opiacées, qui permettent aux mères d'aller au travail et de laisser leurs enfants au berceau sans plus s'en occuper. Il est vrai que ces pauvres petits meurent à deux ou trois ans. Conformément encore à ces principes, toutes les mesures qui tendent à soulager la misère sont des folies absolument contraires à la science. Car ces palliatifs tendent naturellement à accroître la population. Aussi les malthusiens condamnent-ils avec beaucoup de logique la taxe des pauvres, les dépôts de mendicité, les crèches, les secours de toute sorte et l'aumône sous toutes ses formes. En effet, dit un malthusien français, M. le comte Tanneguy Duchâtel, ex-ministre de Louis-Philippe, dans son livre de *la Charité :* « L'homme est chargé de sa destinée, et ce « n'est point à d'autres à la faire. »

Il ne faut pas trop en vouloir à Malthus d'avoir été conduit à professer la théorie d'une antropophagie industrieuse, civilisée, artificielle. — Sans doute cela est horrible, mais c'était la conséquence fatale de la doctrine religieuse du passé, si nettement formulée par M. de Maistre, c'était la conséquence du système économique qui y correspond. On doit même se féliciter de trouver des esprits assez solidement trempés pour avoir le courage d'exposer complétement de semblables idées.

Devant une lumière aussi vive, chacun peut être bon juge du parti qu'il embrasse, chacun sait où il marche.

IV

Le second dogme philosophique.

Il convient d'exposer maintenant le second des systèmes religieux et philosophiques auxquels se réduisent toutes les doctrines intermédiaires avec leurs variantes.

Le lecteur se souviendra qu'il repose tout entier sur cet axiôme :

Le principe de la vie est et ne peut être que bon ; le mal n'a pas d'existence absolue.

Sans doute ce n'est pas d'aujourd'hui seulement que l'humanité a eu conscience de cette doctrine religieuse. Plus d'un philosophe l'a couvée chaudement dans son sein, portée radieuse dans sa tête. Elle a eu plus d'un martyr. Mais, nous le verrons, c'est de nos jours seulement qu'il a été donné à cette doctrine de produire enfin le système social en rapport avec son principe.

Dieu est bon et tout-puissant. Il jouit, seul, de la vie éternelle, infinie, absolue. Rien ne saurait exister en dehors de lui. Sa providence universelle embrasse l'infiniment petit et l'infiniment grand.

Le diable s'anéantit devant la face lumineuse du très-bon et du tout-puissant, comme s'évanouissent les ténèbres devant le soleil. Le mal n'existe pas ; il n'est qu'une chose essentiellement modifiable, relative, limitée. Ce qui existe, c'est le bien dont la puissance agit incessamment pour la diminution du mal.

La mort n'est pas opposée à la vie ; elle en est la suite, le renouvellement, elle ne conduit pas au néant. La matière et l'esprit, le corps et l'âme ne sont pas des entités hostiles, ce sont des attributs divers, des faces différentes de ce qui est doué de vie. Et ces attributs multiples, loin de lutter entre eux, concourent naturellement à l'organisation harmonique des créatures. La vie n'est pas une lutte mais un concert, une symphonie où tous les appelés sont élus. La scène du monde n'est plus un drame cruel et sanguinaire, c'est un ensemble de mouvements infiniment variés, mais toujours harmonieux dans leur mystérieuse profondeur, et dignes du suprême Architecte des mondes.

L'homme, créé bon et sociable, veut naturellement son bien et celui de ses semblables. Doué de besoins, de goûts, d'aptitudes et de facultés qui ont pour but son bien et celui de la société, comment pourrait il désirer le mal, faire le mal ? Sa liberté, qui ne consiste pas en une entité chimérique, un vain fantôme éclos dans la cervelle des psychologues, sa liberté le pousse à agir conformément à sa nature, qui est bonne et sociable. L'homme ne peut donc faire le mal et démériter, il ne peut agir contrairement à son bien individuel, non plus que contrairement au bonheur collectif de ses semblables. Chacun agit selon sa capacité et chacun est aimé, admiré, estimé selon qu'il reflète plus splendidement Dieu, source du Beau, du Bon, du Vrai. Donc il n'est plus besoin de peines, de châtiments ; la prison et l'enfer sont définitivement abolis.

Pythagore, Socrate, Platon, Epicure, Leibnitz, Spinosa, Gassendi, Rousseau, etc., et de nos jours plusieurs philosophes éminents, Jean Reynaud, Pierre Leroux, doivent être rangés dans les pères de cette nouvelle église.

V

Le système social découlant de ce dogme. Il n'a trouvé sa formule définitive que de nos jours. Charles Fourier. Le travail est la destinée et le bonheur de l'homme.

Voici le système social en rapport avec cette seconde doctrine religieuse et philosophique.

Puisque Dieu est très bon et tout-puissant, puisque l'homme, sa créature, est bon et sociable, il s'ensuit que rien n'est plus conforme à la volonté de Dieu et à la destinée humaine que la réalisation d'une société de paix, de fraternité et d'harmonie. Loin d'être ennemis, les hommes sont frères, loin d'avoir des intérêts contraires, leur intérêt est commun. S'ils ne sont pas condamnés à une lutte cruelle entre eux, ils ne le sont pas davantage à un combat intérieur entre les diverses forces ou passions qui les constituent. Le devoir ne peut plus être en hostilité avec la satisfaction légitime des affections et des désirs de l'âme. Car les désirs de l'homme sont les promesses de Dieu. Le devoir se concilie avec l'attrait naturel. L'individu s'harmonise avec lui-même comme les individus s'accordent dans la société. Ici donc il n'y a plus place pour le mal, pour le démérite individuel ; plus de prisons, plus de contrainte d'aucune sorte, plus de terreurs de l'enfer, plus de crainte de Dieu.

Au sein d'une société bien faite, chacun est utile, si faible qu'il soit, et chacun donne à son être tous les riches développements qu'il comporte. C'est l'intérêt, c'est le bonheur de tous, c'est la loi divine. Dans ce monde nouveau, chacun est pour tous et tous pour chacun. La justice a remplacé la violence, la liberté effective l'oppression ouverte ou déguisée, l'égalité des droits au développement de son être les inégalités odieuses du présent ; la fraternité a rempli le cœur de l'homme et chassé toute haine, tout ressentiment.

La société constitue normalement son pouvoir au moyen de la hiérarchie naturelle des capacités et des aptitudes, distribuées par Dieu avec nombre, poids et mesure. Le suffrage universel, appliqué intégralement et dans des conditions de vérité impossibles aujourd'hui, toujours exercé par les compétents pour un but déterminé et connu, le suffrage universel est la base et le principe du gouvernement, à tous ses degrés.

Le travail cesse d'être une peine, l'homme n'a plus besoin de frein.

Vivre, c'est être actif, c'est agir, c'est exercer ses facultés naturelles, c'est accomplir sa fonction dans l'ordre social. Or, si chaque homme est appelé à faire ce à quoi la nature l'a destiné, rien de plus ; si le travail lui est présenté dans les conditions voulues par sa nature, nécessairement il acceptera avec joie, non pas sa tâche, car le travail a perdu le caractère répugnant, mais sa fonction. L'homme s'en trouvera heureux, comme tous les êtres organisés sont heureux d'être vivants, comme un oiseau qui vole en liberté, comme un poisson qui nage au sein des mers. Voilà qui est logiquement incontestable.

Au lieu de prier, d'acheter des indulgences, de faire l'aumône, de se résigner, de se mortifier, de s'occuper de son salut individuel, en attendant la mort et le jugement dernier, l'homme, uni à l'humanité, jouit de toute la plénitude de la vie. Heureux de son activité féconde et multiple, il crée la richesse universelle, il concourt à l'œuvre divine : produire, créer, répandre autour de soi la vie et le bonheur. Par son industrie, par les arts, par la science, la terre embellie, transfigurée, est devenue un séjour digne de l'homme et digne de Dieu. Aussi sa prière n'est-elle plus qu'un hymne de joie et de reconnaissance, une élévation sublime et magnifique, dans ses manifestations collectives, vers celui qui est la source immortelle du Bon, du Beau et du Vrai.

Tel est le système social qui découle logiquement de cette doctrine philosophique : Dieu est bon, le mal n'est pas éternel! Ce système social n'a produit que de nos jours son véritable législateur. Cet économiste philosophe, c'est Fourier ; seul, entre tous, il a complétement accepté l'hypothèse du Dieu bon avec toutes ses conséquences. Il en a conclu que l'homme était créé pour le bonheur social et individuel (compatible avec sa nature finie) ; que les passions, les désirs, les facultés de chacun devaient naturellement, et par leur satisfaction normale, produire la richesse et les joies de l'âme ; il a conclu, en un mot, que le travail, loin d'être une peine, devait être un plaisir, puisqu'il était l'accomplissement d'une fonction voulue par Dieu, le suprême Architecte.

Si l'on peut comparer les grandes choses aux petites, c'est ainsi qu'Habeneck, initié au génie de Beethoven, le sublime symphoniste, ayant en outre parfaite connaissance de la valeur de ses 80 exécutants, Habeneck, frappant au conservatoire son coup de baguette magique, Habeneck ne doutait pas de l'harmonie merveilleuse que devaient produire tous ces instruments si divers de forme et de son, de matière et de grandeur.

VI

Différences capitales qui séparent ces deux systèmes sociaux. Au quel des deux appartient le gouvernement des nations.

Nous croyons nécessaire de faire ressortir ici les différences profondes qui caractérisent les deux systèmes religieux et politiques que nous avons mis en présence.

Et d'abord, arrêtons notre attention sur un point capital. Comment pouvez-vous, sectateurs du vieux dogme de l'expiation, de la croyance au mal éternel, comment pouvez-vous revendiquer le droit de vous occuper du bonheur des nations, de conduire les peuples dans la voie d'un meilleur avenir ? Comment osez-vous parler de prospérité croissante, d'amélioration et de progrès ?

Vous n'y croyez pas et vous n'avez que faire d'y croire, avec votre terrible doctrine du mal, puisque vous êtes ici-bas pour

expier, pour traverser une épreuve et gagner le ciel, puisque
la résignation au mal, puisque le sacrifice et le renoncement,
puisque la souffrance, même celle de l'innocent, sont agréables à Dieu et constituent les mérités les plus certains pour
se faire un trésor dans le ciel ?

Encore une fois, je vous le demande, catholiques, puritains
de toute secte et de toute sorte, vous tous qui croyez au mal
éternel, comment, pourquoi êtes-vous assez hardis pour aspirer à diriger les peuples, à gouverner le monde ? Comment,
pourquoi vos discours officiels les entretiennent-ils dans cette
folle erreur, que vous vous occupez de leur bien-être, que
l'industrie marche à pas de géant, que la richesse nationale
s'augmente chaque jour ? Pourquoi, comment ces mots dans
votre bouche incrédule : prospérité croissante, progrès, bien-
être, amélioration ? tandis que votre doctrine religieuse ne
doit vous permettre que ceux-ci : souffrance, expiation, renoncement, salut individuel.

Ah ! elle n'est que trop facile à deviner, la cause de cette con-
tradiction dans vos paroles et dans vos actes. Lorsque vous
faites de la théorie religieuse, vous posez magistralement votre dogme du mal et du Dieu vengeur. Lorsque vous avez à parler au peuple de ce qui le touche, de ce que vous faites pour
lui, alors vous empruntez ces mots libérateurs qui devraient
brûler vos lèvres impies. Pourquoi ? parce que vous voulez
dominer les peuples, demeurer à leur tête, et que vous sentez
trop bien qu'ils se riraient cruellement de vous ou plutôt
qu'ils vous précipiteraient de vos siéges curules comme des
jongleurs et des fourbes, des charlatans et des imposteurs, si
vous teniez le langage de votre doctrine : Souffrez, expiez,
résignez-vous, méritez le ciel ; la croix atteste le salut par le
sang ; la terre n'est qu'une vallée de larmes. Qu'importe cette
vie d'un jour ! craignez les feux de l'enfer.

Et pourtant, tel est logiquement le langage que vous de-
vriez tenir aux nations, car seul il est en rapport avec votre
doctrine religieuse. Mais ce langage est trop impossible, trop
absurde : alors vous devez forcément chanter la palinodie,
vous êtes entraînés aux inconséquences les plus pitoyables,
aux affirmations les plus ridicules. Aujourd'hui, vous glorifiez
le progrès, vous bénissez Dieu qui répand l'abondance sur la
terre et sourit à vos heureux efforts pour développer le bien-

être du peuple. Demain, vous montez en chaire pour tonner contre la perversité des hommes que Dieu vient de châtier par l'inondation, de visiter par l'incendie, la famine ou la peste. Là-dessus vous ordonnez des jeûnes publics ou telle autre mesure de haute politique. Puis la farce est jouée, et le peuple, Gros-Jean comme devant, continue d'être gouverné par ceux qui n'ont pas foi au bien, mais au mal, par les défenseurs du diable, par les partisans de la souffrance, de la misère, de l'expiation et du salut par le sang.

Hélas ! il est grand temps que l'humanité vous crie arrière. Arrière ! intelligences obscurcies, cœurs sans amour, âmes sans religion ; arrière ! ignorants ou charlatans, et faites place à ceux qui croient au bien, à ceux qui savent les moyens de le réaliser, à ceux qui aiment Dieu par dessus tout et leur prochain comme eux-mêmes, à ceux qui veulent établir le règne de Dieu sur la terre comme au ciel.

Selon la doctrine caractérisée par M. de Maistre et d'après le système social dont Malthus est l'expression la plus nette, il est manifeste que l'homme est conduit au dégoût de la vie, au renoncement au monde, et ceci nous a donné les anachorètes, les chartreux et les trappistes. Bien plus, l'homme est conduit logiquement, par ces affreuses doctrines à se dépouiller de tous les nobles sentiments. Ce n'est pas seulement son corps qu'on mutile, son âme n'est pas moins violemment flétrie et découronnée. Ainsi, pourquoi aurais-je pitié des souffrances de mon frère ? Il expie, il se rachète, il gagne le ciel. Pourquoi redouter, conjurer la guerre, la peste ? Ce monde n'est-il pas une vallée de larmes, ne doit-il pas être continuellement imbibé de sang ? Il ne s'agit que d'une chose, le salut. Il n'y a qu'un moyen de l'obtenir, l'expiation. Le bourreau est donc le lévite suprême, l'exécuteur de la sentence divine, sa mission est sacrée. Ceci nous a donné Torquemada, l'inquisition, les Jésuites, etc.

Donc, plus rien à l'âme, plus rien au cœur, et, si le corps subsiste, qu'il soit comme s'il était mort. L'homme ressemble ainsi à un pauvre arbuste que l'incendie vient de dévorer. Sa tige noircie et quelques branches à demi-consumées, c'est tout ce qui reste pour voiler le germe de vie qui s'était luxurieusement épanoui aux rayons du soleil.

VII

Les doctrinaires de la mort en face des philosophes religieux, des confesseurs du dogme de l'amour et de l'expansion.

Mais j'ai hâte de laisser de côté cette doctrine de mort. Le sophisme et l'ignorance ont pu, seuls, lui permettre de triompher et de s'attribuer le gouvernement des nations. Les nations, il s'agit de les conduire, non pas au diable, revêtues d'un cilice, la corde au cou, les verges aux mains, la tête pendante, le cœur fermé par la crainte et veuf de toute pitié, il faut les conduire vers Dieu, avec l'espérance, la foi et l'amour. Il faut que, dans la grande famille des hommes, tous se donnent la main pour s'élever vers Dieu d'un élan plus puissant et plus sûr.

Oui, il faut enfin le confesser une bonne fois à la face du soleil, le dogme de l'expiation, de la compression et du mal éternel, a fait son temps. Tout proteste et s'élève contre lui : le sentiment, la raison, les instincts de la nature humaine, l'expérience et les faits, ces témoins irrécusables, toujours unanimes, toujours accablants pour ces sectateurs du passé.

L'Église catholique était sortie triomphante des catacombes de Rome, en prêchant le principe de l'amour de Dieu et des hommes. Plus tard, elle a imposé au monde le dogme terrible de l'éternité du mal, avec la puissance des rois et des seigneurs, les tortures de l'inquisition et les foudres de l'excommunication. Mais comme l'Église prêchait ainsi les pieds dans la pourpre, avec toute la splendeur d'un luxe assis sur un bon tiers de la propriété territoriale des pays chrétiens, l'Église se donnait à elle-même un éclatant démenti. Fidèle au dogme du mal, qui était la source de sa puissance et de sa richesse mondaines, elle était infidèle aux principes du Crucifié, l'amour de Dieu et des hommes.

Quant aux prêcheurs sans soutane du dogme du mal, ils ne font pas pis, mais ils ne font pas mieux. S'ils nient le bonheur en théorie, attendu que cela les dispense de s'occuper de celui de leur prochain, ils le recherchent très-fort en pratique. Généralement, ils n'écrivent leurs sentences que les pieds chauds, ils ne débitent leurs discours qu'après avoir bien dîné; et ils se font payer grassement tout cela, dans l'intérêt de leur petite famille. Il est singulier et remarquable que cette race de prêcheurs ne se retrouve que dans les classes heureuses de la société. Voir, pour renseignements, MM. Thiers, Dupin, Falloux, Montalembert et tous les riches et vertueux souscripteurs de la propagande anti-socialiste de la rue de Poitiers. Ces suppôts de Satan, qui s'arrangent si bien ici-bas pour éviter la pluie et jouir du soleil, se donnent donc à eux-mêmes, par leur conduite, un éclatant démenti, contre lequel leurs discours sont des traits d'une sénile et ridicule innocence.

A nous donc les génies religieux, les hommes d'amour, les grandes âmes que n'ont égarées ni les souffrances, ni les faiblesses, ni les misères de leur temps, ni les tristes inspirations d'un misérable égoïsme. A nous les apôtres de la lumière, les confesseurs du dogme de l'expansion et de l'harmonie; à nous les vrais soldats de Dieu, les amis de l'humanité.

Il y aurait trop à faire si l'on voulait apporter ici tous les témoignages de la tradition humaine en faveur du dogme de l'expansion, de la bonté de Dieu et de celle de l'homme. Aussi nous contenterons-nous de faire passer sous les yeux du lecteur quelques-uns des plus imposants et des plus explicites, des plus précis et des plus remarquables par l'expression, par l'autorité souveraine de ceux qui les ont formulés.

Et d'abord, il faut toujours rappeler l'Evangile; qui, en fait de principes, contient en quelques mots toute la loi et les prophètes.

« Aimez-vous les uns les autres, aimez Dieu par-dessus tout.

« Qu'il n'y ait qu'un seul troupeau et un seul pasteur.

« Notre père, qui êtes aux cieux, que votre règne arrive, que votre volonté soit faite sur la terre comme au ciel.

« Cherchez d'abord le royaume de Dieu et sa justice, et tout le reste vous sera donné par surcroît. »

Voilà qui dit tout.

« Dieu a couvert l'homme de sa puissance comme d'un vêtement: il lui a donné le gouvernement de tout ce qui est sur la terre. »   GENÈSE.

Terminons sur ce point par ces paroles aussi profondes que justes de l'illustre évêque d'Hippone :

« Si ce que vous trouvez dans l'écriture vous paraît opposé à la charité, c'est-à-dire à l'amour de Dieu et du prochain, considérez-le comme symbolique. » S. AUGUSTIN.

« Chaque cité a son Dieu qui en met les habitants en guerre ; moi, j'adore celui de l'univers qui fait vivre tous les hommes en paix. » SOCRATE.

« L'harmonie du monde et celle de la musique ne diffèrent pas. » PYTHAGORE.

« De tous les attributs de la divinité, la bonté est celui sans lequel on la peut le moins concevoir. » J.-J. ROUSSEAU.

« La religion, considérée comme une relation entre Dieu et l'homme, ne peut aller à la gloire de Dieu que par le bien-être de l'homme, puisque l'autre terme de la relation, qui est Dieu, est par sa nature au-dessus de tout ce que l'homme peut pour ou contre lui. » J.-J. ROUSSEAU.

« Il n'y a pour l'homme d'autre but de recherche philosophique que le bonheur. » S. AUGUSTIN.

« Quoi qu'ils disent en la vertu même, le dernier but de notre visée c'est la volupté. » MONTAIGNE.

« Tous les hommes désirent être heureux ; cela est sans exception. Quelques différents moyens qu'ils emploient, ils tendent tous à ce but. Ce qui fait que l'un va à la guerre et que l'autre n'y va pas, c'est le même désir qui est dans tous les deux, accompagné de différentes vues. C'est le motif de toutes les actions des hommes, jusqu'à ceux qui se tuent et qui se pendent. » PASCAL.

« L'homme est né pour le plaisir, il le sent ; il n'en faut pas d'autre preuve. Il suit donc la raison en se donnant au plaisir. » PASCAL.

« Si nous parvenons à perfectionner les sciences, nous pourrons espérer de perfectionner aussi la morale, sans laquelle le savoir n'est en effet qu'un vain nom. NEWTON.

« On ne peut aimer véritablement Dieu, si on ne l'aime dans ce qu'il a créé ; de même qu'on ne peut aimer véritablement la créature, si on ne l'aime en celui qui lui a donné l'existence. La charité est une double force qui, nous attachant directement à la création, nous attache à Dieu par son œuvre, et qui, nous attachant directement à Dieu, nous attache à la création par son auteur. Elle est le ciment de l'univers. »

PIERRE LEROUX.

« Si Dieu disait à un homme d'anéantir les passions qu'il lui donne, Dieu voudrait et ne voudrait pas, il se contredirait.... Ce que Dieu veut qu'un homme fasse, il ne lui fait pas dire par un autre homme, il le lui dit à lui-même, il l'écrit au fond de son âme. »

J.-J. ROUSSEAU.

« C'est le comble de la folie que de proposer la ruine des passions ; le beau projet que celui d'un forcené qui se tourmente pour ne rien désirer, ne rien aimer, et qui, s'il réussissait, serait un monstre ! »

DIDEROT.

« L'homme n'est ni ange ni bête ; et le malheur est que qui veut faire l'ange fait la bête. »

PASCAL.

« Qui veut détruire les passions, au lieu de les régler, veut faire l'ange. »

VOLTAIRE.

« Les raisonneurs de nos jours qui veulent établir la chimère que l'homme était né sans passions et qu'il n'en a eu que pour avoir désobéi à Dieu auraient aussi bien fait de dire que l'homme était d'abord une belle statue que Dieu avait formée, et que cette statue fut depuis animée par le diable. L'amour de soi et toutes branches sont aussi nécessaires à l'homme que le sang qui coule dans ses veines ; et ceux qui veulent lui ôter ses passions parce qu'elles sont dangereuses ressemblent à celui qui voudrait ôter à un homme tout son sang parce qu'il peut tomber en apoplexie. »

VOLTAIRE.

« Il n'y a point de travail si pénible qu'on ne puisse proportionner à la force de celui qui le fait ; pourvu que ce soit la raison et non l'avarice qui le règle. On peut, par la commodité des machines que l'art invente ou applique, suppléer au travail forcé qu'ailleurs on fait faire aux esclaves. Je ne sais si c'est l'esprit ou le cœur qui me dicte cet article-ci. Il n'y a pas de climat sur la terre où l'on ne puisse engager au travail des hommes libres. Parce que les lois étaient mal faites, on a trouvé des hommes paresseux ; parce que ces hommes étaient paresseux, on les a mis dans l'esclavage. » *Esprit des lois,* MONTESQUIEU.

Et maintenant, passons ; n'ajoutons rien à cette gerbe de lumières. C'est plus qu'il ne faut pour éclairer l'âme de celui qui cherche en esprit et en vérité. Quant aux autres, c'est en vain que nous étalerions à leurs yeux, fermés par un stupide égoïsme ou par une grossière ignorance, les tables mêmes de la loi, illuminées des feux du Sinaï.

VIII

Double caractère du socialisme. Le socialisme négatif. M. Proudhon.

Le socialisme revêt deux caractères bien distincts. Il est négatif et positif : négatif, en ce sens qu'il proteste contre les institutions sociales du passé et du présent ; positif, en ce sens qu'il enseigne les moyens d'établir une société de justice, de paix et de fraternité. Nous dirons d'abord un mot du socialisme négatif.

Tous les socialistes qui ne concluent pas à la possibilité de faire de l'exercice de l'activité humaine le bonheur de l'homme, par une organisation du travail conforme à sa nature, ne sont que des demi-croyants, des demi-logiciens. Ils ne peuvent promettre ni apporter au monde la paix et la fraternité. Ces socialistes, à la foi incomplète, demeurent toujours en face de la misère et de la nécessité de ravaler l'homme, le roi de la création, à la portion congrue, sous le rapport moral et matériel.

Les peuples devraient vivre sous un niveau rigoureusement égalitaire. Les perspectives ouvertes sur l'avenir par une semblable théorie n'ont rien qui puisse séduire, enthousiasmer. On n'y entrevoit nullement la possibilité du bonheur dont notre âme est avide. Une sombre et stricte justice y serait la seule satisfaction permise.

Chacun sent toujours planer sur sa tête la nécessité d'une contrainte individuelle ou sociale, pour obliger l'homme à acquitter la dette du travail auquel il répugne ; pour le forcer à se contenter d'une répartition insuffisante à ses besoins.

Aussi les doctrines de ces socialistes consistent-elles essentiellement en une négation du passé, une revendication contre ce qui existe plutôt qu'en une affirmation positive d'un avenir de bonheur, une large synthétique aspiration vers le monde nouveau.

Logiquement, ce socialisme négatif implique encore une guerre latente au sein de l'humanité, puisque tous les hommes ne peuvent être (selon eux) intégralement et fraternellement associés dans leurs goûts, facultés, passions et caractères.

Je dois ranger parmi ces socialistes M. Proudhon, le bélier révolutionnaire qui bat si vigoureusement en brèche l'antique cité de la bourgeoisie. Soit manque de sentiment religieux, soit défaut de haute sympathie, soit préoccupation et besoin de la lutte, ce puissant écrivain ne s'est pas jusqu'ici nettement appuyé sur cette affirmation : Le principe de la vie est bon, l'homme est bon, la société doit être un tout harmonieux.

M. Proudhon semble redouter l'association. Défenseur jaloux des droits de l'individu, il ne prend pas garde que, par cela que l'homme est sociable, ce n'est qu'au sein de la société que sa liberté individuelle peut recevoir toute son extension. Il ne se pose pas d'autre but que d'assurer quelques-uns des effets de l'association : la gratuité du crédit, la justice distributive.

M. Proudhon a borné son *desideratum* social à mettre l'instrument de travail aux mains du prolétaire, à l'affranchir de la dîme prélevée par le banquier, le moderne seigneur féodal. D'ailleurs, le créateur de la *Banque du peuple* abandonne l'ouvrier dans l'arène de la concurrence anarchique et des luttes individuelles. Loin de rechercher un mécanisme industriel supérieur, une combinaison des forces et des éléments de la production, il prétend que chacun accomplira au mieux sa tâche, sans direction, sans ensemble, sans unité d'action. Il semblerait que M. Proudhon n'ait été frappé, à l'aspect de l'organisme vital, que du phénomène de la circulation. Il néglige l'étude de l'élaboration des molécules constitutives du sang, l'étude de leur assimilation multiple, celle de leur répartition proportionnelle, sous l'influence directrice et supérieure du système nerveux. Uniquement préoccupé de la vie de chaque organe, il ne s'incline pas d'abord devant leur admirable unité.

Comme le redoutable chevalier inconnu des tournois du moyen âge, M. Proudhon revendique le droit, d'estoc et de taille, il pourfend l'oppression de sa hache exterminatrice. Son œuvre, c'est de faire mordre la poussière à l'injustice.

Cela fait, il quitte l'arène. Sa mission est accomplie. Génie destructeur, il abandonne à d'autres le soin d'édifier.

Nous voudrions dire à ce publiciste éminent : Voyez, reconnaissez les moyens de réaliser l'association intégrale par l'organisation du travail conforme à la nature de l'homme, et vous obtiendrez non-seulement la gratuité du crédit, l'équité dans la répartition, mais encore la richesse générale, l'accord des caractères, le bonheur des individus, ayant le plein essor de leur être physique, moral, intellectuel.

Mais, hors l'association, point de salut social, point de richesse, pas d'accord et d'harmonie entre les hommes. C'est comme si l'on se mettait en dehors des conditions de la vie.

IX

Le socialisme positif. Fourier. Lois de l'harmonie universelle et de l'harmonie sociale.

Exposons maintenant le socialisme positif.

S'il est un fait constant, manifeste, indéniable, c'est que jusqu'à ce jour l'homme n'a produit son pain quotidien que sous la loi de la contrainte, d'une violence physique et morale. En un mot, le travail n'a été obtenu que par l'esclavage, le servage, le prolétariat, sous l'aiguillon de la faim. Pourquoi ? C'est que nécessairement le travail était imposé à l'homme dans des conditions hostiles à sa nature : cruelles, abrutissantes, homicides. Partant, l'homme échappait à cette dure loi par l'oisiveté ou la paresse. Double protestation toute naturelle. Or, s'il était impossible de changer les conditions du labeur humain, évidemment l'homme serait éternellement dévoué à une vie, non pas de fraternité et de paix, mais au contraire de haines et de violences. Sous une forme ou sous une autre, il faudrait toujours des oppresseurs et des opprimés, des victimes et des bourreaux, des maîtres et des esclaves.

Eh bien ! il faut le dire, parce que c'est justice, il n'y a qu'un socialiste, qu'un philosophe, qui ait ainsi posé le problème dans sa généralité, qui l'ait franchement abordé, qui ait tenté de le résoudre, qui l'ait résolu. Cet homme c'est Fourier. A Fourier appartient l'honneur d'avoir résolu le problème de l'organisation sociale conforme aux lois de la nature.

Ces lois ne régissent pas moins l'humanité que toute la création. En effet, on doit le reconnaître, une loi préside à la vie universelle aussi bien qu'à la vie particulière de chacun des êtres créés. Cette loi , c'est l'ATTRACTION, que nous appelons gravitation lorsqu'il s'agit du mouvement des corps sidéraux, pesanteur pour tout ce qui se meut dans notre sphère terrestre, attraction moléculaire et affinité dans le domaine de la chimie, instincts quand nous parlons d'histoire naturelle, enfin penchants, passions, etc., si nous nous occupons de l'homme.

C'est le sentiment profond de cette vérité qui arrachait à M. de Maistre , l'homme des doctrines anciennes , cet aveu aussi complet que significatif :

« Dieu meut les anges, les hommes, les animaux, la matière brute , tous les êtres enfin , mais chacun selon sa nature. Cette loi est véritablement la loi éternelle, et c'est à elle qu'il faut croire. » Et ailleurs : « Le désir n'est qu'un mouvement de l'âme vers un objet qui l'attire. Ce mouvement est un fait du monde moral aussi certain, aussi palpable que le magnétisme, et, de plus, aussi général que la gravitation universelle dans le monde physique. »

Telle est la force de la vérité, qu'aucun autre philosophe n'a plus nettement formulé la loi de l'expansion et de l'amour que le souteneur du vieux dogme de la compression et du mal éternel. Rien ne prouve plus invinciblement que la vérité doit pénétrer le monde, et que chacun de nous concourt sans cesse à l'accomplissement des desseins de la Providence.

Mais, cette loi, quelle est sa formule? Comment nous est-elle révélée? Selon quel ordre le dispensateur de la vie , qui *a tout créé avec nombre, poids et mesure*, selon quel ordre a-t-il distribué à tout ce qui vit ces attractions diverses, multiples comme les créatures elles-mêmes? Ici se découvre la nécessité de la recherche d'une seconde loi, celle du mécanisme du suprême architecte, de l'immortel symphoniste des mondes.

Pour cela, que fallait-il? Observer les faits vivants, examiner religieusement les œuvres du créateur. Faisons donc comme les naturalistes, par exemple. Ceux-ci vous disent : « Pour reconnaître les êtres innombrables qui peuplent l'univers, il faut suivre un certain ordre dans leur étude , adopter une méthode qui nous fournisse les moyens de *classer* ces êtres d'après leurs points de ressemblance et de différence. De là la nécessité d'établir, dans toute classification, une SÉRIE de divisions et de subdivisions subordonnées les unes aux autres: variétés, espèces, genres, ordres, classes. »

Tous les êtres se trouvent effectivement rapprochés, groupés par des points de similitude et de dissemblance gradués, si bien qu'ils ont un caractère distinct et que cependant ils se touchent tous et s'embrassent de proche en proche, par des associations de plus en plus grandes, dans les liens d'une fraternité commune, qui compose l'*Univers*, admirable expression de la variété dans l'unité. Tout est un et divers. Mais chaque être lui-même est un composé d'organes, d'appareils, dont la hiérarchie harmonieuse fait un tout. L'évolution d'un être comprend encore une série d'âges croissants et décroissants, dont l'ensemble forme son existence.

Donc, il y a une loi de suite, de continuité et d'enchaînement qui lie les uns aux autres les actes de notre vie; qui rattache insensiblement toutes les créatures par des groupes et des associations toujours plus considérables. Nous appellerons cette loi LOI SÉRIAIRE, ou loi de la série. Elle nous montre partout l'unité dans la diversité, la hiérarchie, l'accroissement progressif et le déclin insensible. C'est la loi selon laquelle se déroule la vie.

L'armée nous en offre un exemple frappant. Il y a là cent mille bras qu'une seule tête gouverne et dirige. L'escouade a pour chef le caporal, le peloton le sergent, la compagnie le capitaine, le régiment le colonel; si bien que tous ces groupes, toutes ces séries de groupes hiérarchisés, toutes ces unités de plus en plus grandes, composent une unité souveraine, l'armée, géant moderne, Hercule nouveau, près de qui les Titans de la fable ne sont que des nains.

Si le corps humain est un ensemble de molécules, de tissus, de vaisseaux, de viscères, d'appareils harmonieusement hiérarchisés pour composer un tout, le corps social ne doit-il pas lui-même embrasser tous les individus, faibles et forts, grands et petits, de façon à mettre chacun à sa place, à grouper toutes les activités, élevées à leur maximum de puissance par une hiérarchie féconde, de manière, en un mot, à constituer un tout, un vaste et harmonieux organisme?

Il faut donc se rallier à cette loi, l'appliquer à l'œuvre sainte de la production. Car, tout étant créé d'après cette loi, l'homme ne peut agir puissamment sur le monde qu'en acceptant cette même loi. Le problème est donc ici : enrôler chacun de nous dans un ensemble de fonctions en rapport avec ses aptitudes et ses attractions natives ou ses passions.

Voilà le moyen de ressusciter le paresseux et l'oisif, de les tirer de l'inertie qui les consume, de fondre dans les rangs joyeux et pressés des travailleurs les vagabonds et les mendiants. Car on n'est pas naturellement paresseux. Vivre, c'est être actif, c'est faire un emploi normal de ses forces et de ses facultés naturelles. Et le bonheur compatible avec la nature humaine ne saurait être que là.

Plaisir et travail, c'est là une belle fleur jumelle, qui n'éclot que dans l'exercice de l'activité normale de l'homme. Essayez donc d'aller à l'Opéra douze heures par jour pendant un an et de vous y amuser. Le bonheur, c'est de faire une œuvre utile, c'est de produire, de créer, à l'exemple de l'éternel créateur, car c'est ainsi que l'on jouit au plus haut degré du sentiment de l'existence.

Donc, si l'on accorde ces trois points, qu'on ne peut guère contester, avec un esprit sain : que Dieu est bon, qu'il a créé l'homme pour l'état de société, et que l'homme n'y vit que par le travail, il faudrait avoir une logique bien tortueuse pour ne pas convenir que le travail peut et doit être une fonction naturelle à l'homme, librement et spontanément acceptée par lui, attendu qu'elle fait son bonheur ; en un mot, il faut conclure à la possibilité de rendre le travail attrayant, à l'hypothèse religieuse de Charles Fourier.

Voyons, examinons quels sont les mobiles, les virtualités déposés par Dieu au sein de l'humanité.

Et d'abord il faut s'entendre sur le mot *passion*. Nous le prenons ici dans le sens primitif de l'expression, sans y attacher aucune idée d'excès, sans l'entacher de l'idée de mal. Nous acceptons la passion humaine comme une force naturellement bonne.

Cela posé, nous disons : *L'homme est tout entier dans ses passions*, en ce sens que l'homme n'agit, ne se meut, que pour satisfaire les besoins de son âme et de son corps. L'homme ne pense, l'homme ne se souvient, l'homme ne fait un pas que dans ce but. Evidemment, ses actes ne sauraient avoir une autre raison d'être.

Ce que nous venons de dire n'implique nullement que dans l'état actuel de la société, où il est impossible de donner un libre et légitime essor à la passion humaine, il ne faille admettre la nécessité de la contrainte morale, c'est-à-dire la subordination des passions inférieures à la passion supérieure, l'amour du Vrai et du Juste, le sentiment du Bien et de l'Ordre. C'est là ce que les moralistes entendent par le mot *devoir*, et ce que nous autres, phalanstériens, nous connaissons sous le nom d'*Unitéisme,* passion génératrice du dévouement et du sacrifice dans une société imparfaite.

Loin d'être matérialiste, Fourier s'est donc occupé des moyens de fonder la vie du corps, parce que *ventre affamé n'a pas d'oreilles.* Si l'homme ne vit pas seulement de pain, il vit d'abord de pain. Sans pain quotidien pas de développement possible pour le cœur et l'intelligence.

L'analyse passionnelle de Fourier est des plus simples, sans doute parce qu'elle est essentiellement vraie.

L'homme a des organes sensuels, il faut les respecter, les satisfaire. Il vit surtout par les sentiments, par l'amitié, l'amour, la famille, l'ambition, ou le besoin d'entraîner et d'être entraîné, en face d'un acte collectif. A un Napoléon il faut des soldats, aux soldats il faut un Napoléon.

L'homme éprouve le besoin de puissantes et nobles rivalités, celui d'accords enthousiastes et de sentir son âme vibrer par plusieurs cordes à la fois, au milieu de ses semblables ; il éprouve encore le besoin d'alterner l'usage de ses facultés, de ses attractions multiples. Enfin l'homme, en sa qualité d'être sociable et de créature supérieure, reine de ce globe, l'homme aspire à l'ordre, à la vérité, à la justice. Il sent profondément ses rapports avec Dieu, avec ses semblables, avec la nature. L'homme a besoin de l'harmonie universelle ; il est unitéiste.

En résumé, nous comptons les cinq sens, les quatre passions affectives : amitié, amour, ambition, famille ; les trois passions socialisantes de l'enthousiasme, de l'émulation et de la variété ; enfin, la passion supérieure, pivotale, l'unitéisme. Tous nos autres désirs sont ou des combinaisons ou des récurrences de ces passions primordiales.

Telle est l'esquisse de l'analyse passionnelle du grand philosophe socialiste. C'est en la comparant avec les ébauches tentées avant et après lui qu'on en peut apprécier toute la justesse mathématique.

Il s'agit donc d'organiser le travail de telle sorte qu'il soit hygiénique, salutaire, conforme aux aptitudes natives et multiples de chacun, varié, exécuté par des groupes de fonctionnaires sympathiques, rivalisant d'émulation, d'enthousiasme, enfin organisé de façon à ce que l'intérêt de chacun soit en solidarité avec l'intérêt de tous. C'est ainsi que la production devient une œuvre féconde et qu'elle a pour résultat la richesse générale.

X

La question du capital réduite à sa plus simple expression et tombée à terre.

Alors s'atténue et tombe graduellement terre à terre cette question si irritante aujourd'hui, la question du capital. A l'heure où nous vivons, hors de la famille et sans capital, point de sécurité, point d'instruction, point de pain pour la vieillesse, point de travail assuré, équitablement rétribué et suffisant aux besoins. On conçoit donc sans peine l'énergie violente avec laquelle les capitalistes redoutent tout ce qui peut ébranler leur position.

Mais, si l'on suppose que la société substitue sa puissance à l'action nécessairement faible, insuffisante de la famille ; si la Providence sociale réalisée pour tous organise le travail conforme aux aptitudes de chacun, le travail, producteur de la richesse, le travail, destinée heureuse de l'homme ; alors que deviennent les craintes sur l'avenir, l'instruction, le bien-être ? Toutes ces craintes tombent. La responsabilité de la famille se réduit en proportion, et ce sanctuaire d'affections intimes et précieuses n'est plus souillé par les questions d'argent, par un vil intérêt.

Telle est la voie de conciliation entre les capitalistes et les travailleurs, l'organisation du travail conforme à la nature humaine ; l'homme heureux d'exercer son activité ; son activité féconde produisant la richesse générale et par suite réduisant l'importance considérable et capitale aujourd'hui de la fortune privée. Il faut dire aux communistes : Vous voulez l'abolition de la propriété individuelle en haine des priviléges qu'elle consacre aujourd'hui, prenez donc les moyens pratiques que les capitalistes ne s'en soucient guère plus que vous et vous plus qu'eux. Vous vous débarrasserez ainsi, vous, communistes, de votre haine ; vous, capitalistes, de votre peur.

Dieu est un bon père et la nature recèle des trésors inépuisables de biens. Il ne nous manque que de le comprendre et de nous unir tous en esprit et en vérité, pour écraser la tête du serpent, qui est ignorance et misère.

XI

La commune associée ou le phalanstère.

Si les hommes, depuis le commencement du monde, ont toujours fait du socialisme en vertu de leur qualité d'êtres sociables, ce n'est pas pour s'arrêter en si mauvais chemin et faire halte dans l'ornière de notre civilisation très-peu perfectionnée.

Essayons donc de retracer, à grands traits, la conception de la société économique, dérivant des lois de la nature, reconnues par Fourier, et dont nous avons rapidement profilé l'esquisse.

De même que les communes se composent de familles, les nations se forment elles-mêmes d'une certaine quantité de communes, reliées entre elles sous un gouvernement central. La commune est l'élément alvéolaire ou le rudiment de l'Etat. Il importe donc de s'occuper d'abord de l'organisation de la commune.

Eh bien ! manifestement n'est-il pas plus économique, plus agréable, plus avantageux de tout point de loger dans un même édifice, analogue au Palais-National, au château de Versailles par exemple, la population d'une commune, que de l'éparpiller dans quatre à cinq cents maisons malsaines, sur quatre lieues carrées ? Les terres réunies, après expertise et délivrance de titres hypothécaires, sont considérées comme le domaine d'un seul homme.

Il en est de même du capital mobilier, animaux, semences, instruments, etc. Chacun garde ses titres absolument comme aujourd'hui.

Le domaine communal est cultivé avec science, avec ensemble, avec les capitaux nécessaires. Chaque travailleur est employé selon ses aptitudes, chaque terrain ne produit que ce qu'il est propre à produire. Plus de morcellement territorial, plus de fossés, plus de procès, plus de temps perdu, plus de terrain inutile. Les denrées sont récoltées, emmagasinées, conservées, vendues avec tous les avantages du riche, qui agit, spécule sur une grande échelle. -

Les travaux domestiques s'exécutent avec ensemble. Cuisine, lingerie, blanchisserie, boulangerie, frottage, soins des appartements, etc., tout cela est transformé en fonctions publiques; et le fardeau qui accable les ménagères *disparaît* en permettant de réaliser d'énormes économies. Au reste, on connaît les avantages des réunions nombreuses dirigées par un même esprit, sous une même discipline. La vie du soldat, de l'invalide, du moine, est bien supérieure à celle qu'il pourrait avoir, livré à lui-même.

Dans ce vaste édifice, toutes les recherches de luxe aujourd'hui deviennent des économies faciles à réaliser, faciles à comprendre. Je dis économies, car l'économie bien entendue est toujours d'accord avec le plus grand bien des associés.

En effet, des calorifères distribuent partout une chaleur convenable, un gazomètre une lumière splendide, des réservoirs l'eau chaude et froide à volonté. Peut-on penser, sans rire, à nos 500 foyers, caves, greniers, à nos myriades de lampes, bougies, chandelles, fours, puits, fontaines, avec tous les ennuis et les soins qu'en entraîne l'usage incessant?

Si chaque famille trouve à se loger à sa guise, dans un appartement plus ou moins vaste, tous les habitants ont droit indistinctement aux crèches, asiles, ouvroirs, ateliers, écoles, bains, salons de lecture, de spectacle, etc. Une rue-galerie couverte, chauffée, ventilée, facilite et assure les communications. De tout cela résulte une meilleure santé, ce qui est une grande économie, une moindre mortalité, une diminution considérable dans les accidents, un accord, une fusion des âmes et des caractères, source des plus nobles et des plus douces jouissances; en un mot, une vie sociale facile, large, grandiose et digne de l'homme.

XII

La liberté individuelle ne se trouve que dans l'association.

Mais, va-t-on objecter, à cette heure où l'on parle tant de liberté, sans beaucoup savoir souvent en quoi elle consiste, nous craignons bien que dans le Phalanstère il n'y ait pas place pour la liberté individuelle. A cela, voici une réponse bien simple : Vous ne prenez pas garde en quoi consiste la liberté de l'homme, être essentiellement sociable. Puisque l'homme est fait pour la société, il ne saurait trouver les conditions de sa liberté, comme individu, que dans l'état de société le plus complet. Est-ce que le sauvage, qui vit à l'aventure de chasse et de pêche, sans sécurité pour lui et les siens, sans lendemain, sans demeure fixe, au sein de l'ignorance et de la misère, est-ce que le sauvage est libre?

Est-ce que, aujourd'hui, l'ouvrier attaché à la glèbe du travail est libre? Est-ce que l'officier, le bureaucrate, le négociant, sont libres? Non ; tous sont enchaînés par des occupations tyranniques, chacun de nous est plus ou moins enlacé par mille liens, à la façon de Gulliver dans le royaume de Lilliput.

C'est dans la combinaison des travaux ou fonctions en rapport avec ses aptitudes et sa nature d'être sociable, c'est dans la satisfaction de ses goûts variés, celle des sentiments de son âme et des besoins de son intelligence, que l'individu trouve toute liberté, attendu qu'elle réside dans le pouvoir d'agir conformément aux besoins de son organisme. Là seulement se trouve la liberté. Elle ne saurait consister dans un chimérique vagabondage, dans une existence d'ours mal léché ou de sanglier solitaire.

XIII

Transitions. Ce qu'il y aurait à faire demain.

Mais, pour les socialistes, il n'y a pas seulement que la question d'avenir ; il y a le présent et les moyens de l'améliorer demain, aujourd'hui même. Ils ne se contentent pas d'être utopistes, ils prétendent encore au titre d'hommes pratiques. C'est ainsi qu'ils soumettent, depuis des années, à l'attention publique toute une série de transitions très-acceptables. Les embarras du trésor public leur paraissent même assez faciles à lever. En effet, comment remédier au déficit du trésor, si ce n'est en réduisant les fausses dépenses, en appliquant utilement les ressources de l'impôt, en accroissant considérablement la production?

A cet égard, il existe déjà nombre de mesures connues, étudiées, expérimentées même, indiscutables pour un esprit non prévenu.

La réforme administrative, la destruction des abus de la centralisation, la réduction de l'état de paix armée, attendu que de tous les Européens le Français est celui qui se transforme le plus facilement en soldat. L'application de l'armée aux travaux publics, pratiquée en Algérie, pratiquée chez les Romains. La création d'un ministère spécial et sérieux de l'agriculture, cette mère nourrice de toutes les industries. L'accroissement de la juridiction des justices de paix, afin d'éteindre, dans leurs sources, les conflits et les procès.

La généralisation des assurances de toutes natures dans les mains de l'Etat : ce qui diminuerait les rouages de ce service d'intérêt public, accroîtrait les ressources du trésor, et donnerait une plus grande sécurité aux assurés.

L'achat et l'exploitation par l'Etat des voies de communications rapides. Tout ce qui touche à la circulation des idées ou des choses constitue une branche essentielle de l'activité générale de la nation.

La création d'institutions de crédit démocratiques, avant tout favorables aux producteurs, afin d'abaisser l'intérêt de l'argent et d'anéantir l'usure légale. Aujourd'hui, les banques particulières et les capitalistes absorbent le plus clair des bénéfices de la production. L'organisation du crédit foncier, impossible sous notre régime hypothécaire, a relevé de sa ruine la Silésie prussienne, après la conquête du grand Frédéric, et donné à l'Ecosse une vie nouvelle, en doublant sa production agricole.

L'établissement de monts-de-piété, ou plutôt de comptoirs communaux, faisant des avances sur consignation et dépôts de denrées.

Décréter l'usage obligatoire des marques de fabrique et d'origine, de façon à ce que le producteur soit connu et moralement responsable vis-à-vis du consommateur.

Porter une loi qui empêche d'avilir le prix du travail dans les prisons, hospices, refuges, etc., et règle les prix de vente sur les prix du dehors.

Généraliser l'institution des prud'hommes, établir des syndicats électifs dans tous les cantons de la République, des conseils supérieurs aux chefs-lieux de département, un conseil général près du ministre du commerce et de l'agriculture. Il faudrait donner aux prud'hommes non plus seulement le soin de concilier les ouvriers et les maîtres, mais encore le droit de régler les salaires proportionnellement à la hausse ou à la baisse des aliments, de faire connaître mois par mois l'état de chaque circonscription industrielle, sorte de mercuriale destinée à mettre les bras en rapport avec le travail.

Il importe de doter la France d'un système complet d'irrigations, de faire des lois qui rendent possible, obligatoire, l'utilisation de tous les cours d'eau.

Une loi régulatrice des baux à ferme devrait associer les intérêts du propriétaire et du fermier, par la participation à la plus-value, en assurant à ce dernier sécurité et justice.

L'instruction primaire, agricole, professionnelle, doit être étendue à tout le pays. C'est une dette de l'Etat. De même les crèches, les asiles, les colonies agricoles, les cités ouvrières, doivent être multipliées, les associations de toute nature encouragées, dès qu'elles se présentent dans de bonnes conditions.

Aucune adjudication de travaux importants et de longue durée ne devrait avoir lieu sans qu'on eût spécifié au cahier des charges une participation des ouvriers aux bénéfices de l'entreprise, en dehors des salaires journaliers. Déjà l'administration du chemin de fer d'Andrézieux à Roanne, celle des forges de la vieille Montagne, la société des peintres en bâtiments Leclaire, sont entrées dans cette voie féconde et nouvelle. L'administration de *la Presse* a distribué en 1848 33,000 fr. à ses ouvriers imprimeurs, comme participation aux bénéfices de l'entreprise.

Toute société créée avec un caractère de perpétuité devrait être tenue de fonder, en faveur des ouvriers et ouvrières, des caisses de secours mutuels, d'épargne et de retraite, ou bien de les rattacher aux caisses déjà existantes.

Le gouvernement devrait s'imposer l'obligation de reconnaître, d'expérimenter, d'acheter toute découverte scientifique ou industrielle, afin de la livrer à la publicité et d'en faire profiter tout le monde. Nul doute que les progrès du daguerrotype, qui ont dépassé toutes les prévisions, ne se fussent longtemps fait attendre, si l'invention de M. Daguerre n'avait été généreusement livrée au domaine public.

C'est en marchant sérieusement dans cette voie d'améliorations incessantes qu'on peut désarmer les révolutions. Puisqu'il faut que les progrès s'accomplissent, il n'y a qu'un seul moyen d'empêcher qu'ils ne soient violents, c'est d'en faire chaque jour. En s'opiniâtrant à ne rien faire, on s'expose nécessairement à ce que tout se fasse révolutionnairement. Les chefs des sociétés devraient avoir toujours présentes à l'esprit ces paroles du chancelier Bacon : *Que ceux qui ne veulent pas accepter des remèdes nouveaux s'attendent à des calamités nouvelles.* Qui nova remedia accipere nolit nova mala expectet.

XIV

Résumé. Despotisme ou socialisme.

Je me résume et je dis:

Lecteur, qui que vous soyez, — quel que soit le temple où vous vous agenouillez, quel que soit le camp politique dont vous faites partie, — forcément vous vous rangez sous l'une ou l'autre de ces doctrines religieuses et philosophiques.

Ou vous croyez que le principe de la vie est bon et mauvais, et que le mal est éternel.

Ou vous croyez que le principe de la vie est bon et que le mal n'a pas d'existence absolue;

Conséquemment avec ces principes, votre conclusion sociale est :

Ou que le monde est éternellement voué au mal, que la terre n'est qu'un lieu d'épreuve, d'expiation, que l'homme peut et doit faire le mal, mériter et démériter, qu'il faut absolument ici bas des prisons et l'échafaud, ensuite l'enfer éternel et Satan ; que le sacrifice et le renoncement au monde sont la perfection sur cette terre de souffrance, parce que ce qui importe uniquement, c'est de faire son salut ; que le travail est un frein et un châtiment, et qu'il y aura toujours des pauvres et de la misère.

Ou bien, vous concluez que la volonté de Dieu peut être faite sur la terre comme au ciel, que les hommes sont frères et destinés à la paix, à l'accord, à l'harmonie sociale ; que l'homme ne peut vouloir que son bien et celui de ses semblables, auquel il est indissolublement uni ; que son bonheur ne saurait consister que dans l'emploi normal de ses facultés naturelles, créant la richesse et satisfaisant tous les désirs de son âme ; en un mot, vous concluez que le travail peut être le bonheur et la destinée de l'homme.

Dans la première hypothèse le gouvernement des nations ne peut vous appartenir ; l'amélioration de leur sort ne saurait vous intéresser ; c'est une inconséquence de prétendre à l'exercice du pouvoir social, car votre royaume n'est pas de ce monde. Allez à Dieu ou à Satan. Mais ce n'est pas à vous à nous délivrer du mal.

Dans la seconde hypothèse seulement, vous avez la foi qui transporte les montagnes, l'espérance légitime du bien, l'amour profond, universel, qui vivifie, anime et transforme tout : vous avez le droit de revendiquer une part dans le gouvernement du monde. Le peuple peut avoir confiance en vous, il peut vous choisir pour son élu. Et lorsque vous lui direz que vous vous occupez de son bien-être et de la prospérité de la patrie, il saura que vous ne mentez pas à votre conscience. Vous apparaîtrez au peuple comme un homme tout d'une pièce, en qui tout se tient, principes, actions, paroles.

Il n'y a pas de milieu, il faut choisir entre Dieu et Satan, le ciel et l'enfer ; il faut accepter cette religieuse croyance que l'homme est destiné à la paix, à l'ordre, à la fraternité ; ou bien trembler sous le poids de cette autre : L'homme est voué éternellement au mal, au désordre, à la lutte, à la guerre. En conséquence, il faut nettement déclarer que les hommes sont faits pour s'entendre en frères et réaliser l'égalité et la liberté par l'association ; ou bien, que, enclins au mal, destinés à vivre en loups, en ennemis, ils doivent être contenus par une main de fer, gouvernés par la force : en un mot, il faut conclure à la légitimité du SOCIALISME ou du DÉSPOTISME.

Association d'ouvriers. — DESOYE, imprimeur, rue de Seine, 32.